(N° 192)

Vente du Mercredi 10 Novembre 1909

HOTEL DROUOT SALLE N° 7

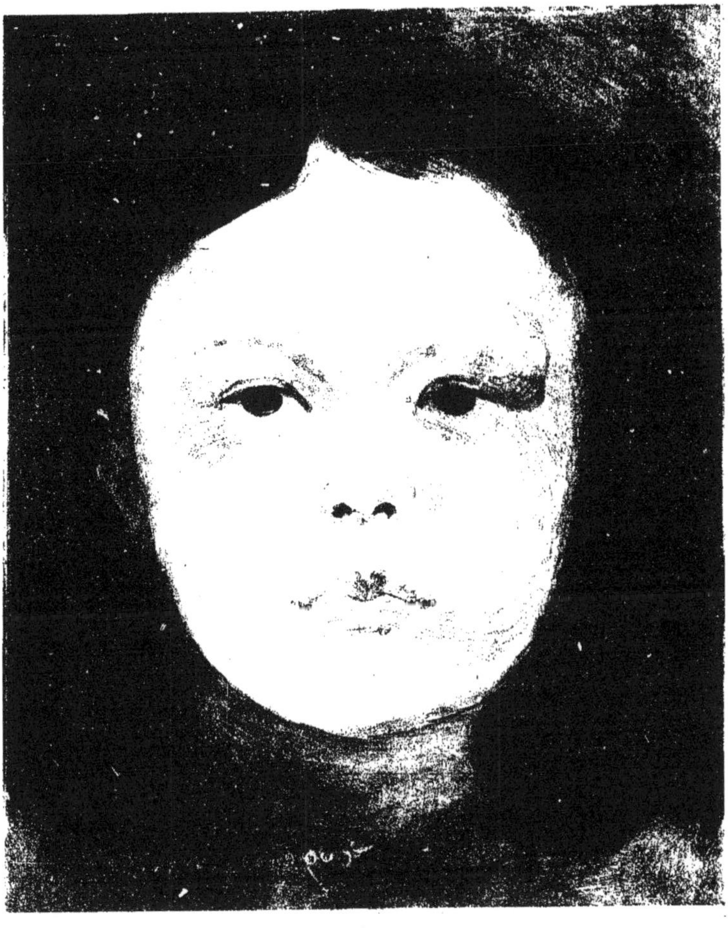

N° 21 du Catalogue.

ESTAMPES

ANCIENNES ET MODERNES

Mes BARTAUMIEUX et ANDRÉ DESVOUGES M. LOYS DELTEIL

IMPRIMERIE

FRAZIER-SOYE

153-155-157, Rue Montmartre

PARIS

CATALOGUE

D'ESTAMPES

ANCIENNES

ET

MODERNES

ŒUVRES DE

F. BRACQUEMOND, CANALETTO, CARRIÈRE
COROT, CHARLET, DREVET,
A. VAN DYCK, GOYA, INGRES, Ch. JACQUE,
REMBRANDT, ZORN, etc., etc.

ESTAMPES EN LOTS

Dont la vente aura lieu

à Paris, HOTEL DROUOT, Salle N° 7

Le Mercredi 10 Novembre 1909

à 2 heures précises

Par le Ministère de

M° BARTAUMIEUX
COMMISSAIRE-PRISEUR
334, Rue Saint-Honoré

M° ANDRÉ DESVOUGES,
COMMISSAIRE-PRISEUR
26, Rue de la Grange-Batelière

Assistés de M. LOYS DELTEIL, Artiste-Graveur, Expert
2, Rue des Beaux-Arts

CONDITIONS DE LA VENTE

Elle sera faite au comptant.

Les adjudicataires paieront *dix pour cent* en sus des enchères.

M. Loys Delteil remplira les commissions que voudront bien lui confier les amateurs ne pouvant y assister.

MM. les amateurs pourront visiter la collection, 2, *rue des Beaux-Arts*, les Samedi 6, Lundi 8 et Mardi 9 Novembre, de 2 heures à 5 heures.

Pour paraître prochainement, à la librairie

DORBON AINÉ

53 ter, Quai des Grands-Augustins, Paris

LE MANUEL

DE

L'AMATEUR D'ESTAMPES

DU XVIIIe SIÈCLE

par

LOYS DELTEIL

1 volume grand in-8°, d'environ 450 pages et orné de 140 reproductions des estampes les plus belles et les plus rares du XVIIIe siècle.

Ce MANUEL contiendra une histoire de l'estampe, de 1701 à 1800, des renseignements techniques sur les différents modes de gravure, la nomenclature ou la description d'environ 2,500 gravures, la citation de 1,200 artistes, peintres et graveurs, et près de 4,000 prix d'adjudication des ventes les plus célèbres. Enfin une triple table des estampes et des noms des artistes cités, ainsi que des ouvrages relatifs à la gravure, permettra au lecteur de trouver avec facilité le renseignement qu'il cherche.

Le prix de souscription au

MANUEL DE L'AMATEUR D'ESTAMPES

DU XVIIIe SIÈCLE

est de **15** fr. broché, **17** fr. avec cartonnage spécial.

On peut s'inscrire également pour le MANUEL, chez l'auteur, 2, *rue des Beaux-Arts*.

Le Peintre-Graveur Illustré

(XIXe & XXe SIÈCLES)

par LOYS DELTEIL

OUVRAGE HONORÉ D'UNE SOUSCRIPTION DU MINISTÈRE DE L'INSTRUCTION PUBLIQUE ET DES BEAUX-ARTS

TOME Ier — MILLET, ROUSSEAU, etc. . . . . **Épuisé.**

TOME II — CH. MERYON . . . . . . **25** fr. et **20** fr.

TOME III — INGRES — EUG. DELACROIX

45 Exemplaires de luxe (*presque épuisés*). . . . . **50** francs
300 — . . . . **25** —
100 — (sans l'eau-forte de Delacroix). . . . . . **20** —

TOME IV — ANDERS ZORN

350 Exemplaires avec l'eau-forte originale. . . . . **40** francs
150 (sans l'eau-forte). . . . . **30** —

EN SOUSCRIPTION : **POUR PARAITRE EN FÉVRIER 1910**

TOME V consacré à COROT

50 Exemplaires de luxe, avec une eau-forte originale de COROT, le *Dôme florentin, avant la lettre*, sur japon. . **50** francs
350 Exemplaires ordinaires, avec l'eau-forte avec la lettre . . **20** —
100 — — sans l'eau-forte . . . . **15** —

A l'apparition de l'ouvrage, le prix en sera porté, pour les exemplaires de luxe à **70** fr., et les exemplaires ordinaires à **25** fr. et à **20** fr.

EN PRÉPARATION : **POUR PARAITRE EN AVRIL 1910**

TOME VI consacré à
RUDE, BARYE, CARPEAUX, RODIN

LE PRIX DE SOUSCRIPTION AU TOME VI SERA PROCHAINEMENT FIXÉ

BULLETIN DE SOUSCRIPTION

(A renvoyer à M. LOYS DELTEIL, 2, rue des Beaux-Arts)

Je, soussigné, déclare souscrire à .... *exemplaire du Tome Ve du PEINTRE-GRAVEUR ILLUSTRÉ, au prix* .... *francs l'exemplaire.*

Signature et Adresse :

DÉSIGNATION

APPIAN (Adolphe)

1. Souvenir — A Venise — Environs de Lyon — Le Village de Chanaz, etc. Douze pièces. Belles épreuves, plusieurs *avant la lettre.*

AUBRY (Charles)

2. Chasses anciennes, Paris, Motte, s. d. couverture, titre et suite complète de 12 planches. Très belles épreuves.

AUTOGRAPHES

3. Lettre autographe de 16 pp. in-8 de J. Bénigne-Bossuet à Mme d'Albert de Luynes, religieuse de l'abbaye de Sonarre, *Germigny, 12 octobre 1695* (brûlures à plusieurs feuillets), et copie jointe.

4. Les Adversaires de la Démocratie : André Chénier, Cte J. de Maistre. Deux manuscrits de 16 et de 28 pp. in-8° ou in-12 d'Anatole de La Forge, 1884.

5. Lettres autographes ou signatures de H. Berthoud, Lamartine, Jourdan, Montrichard, Marie Dorval, Vandamne, Carnot. Marie Garcia — Minutes, etc. 20 pièces.

BRACQUEMOND (F.)

6. L'Homme à la houe, d'ap. Millet (345). Très belle épreuve d'état, sur japon, *signée.*

7. Le Nouveau-né, d'apr. Millet (786). Très belle épreuve, *avec remarque,* sur *parchemin.*

8. Gypaète, 1904. Deux très belles épreuves, une du 1er état.

BUHOT (F.)

9. Une Matinée d'hiver au quai de l'Hôtel-Dieu (123) — Les Anes de la Butte-aux-Cailles — Le 20 Mars au Palais des Champs-Elysées. Trois pièces. Belles épreuves, sur japon.

10. Le Château des Hiboux et Ex-libris Lerey (168-51) — Cacoletière à la tour (62) — Le 20 Mars au Palais des Champs-Elysées (125) — Les zigzags d'un Curieux, 3 états (172). Six pièces. Très belles épreuves.

CALLOT (J.)

11. Les Deux grandes Vues de Paris (713-714). Deux pièces. Belles épreuves à grandes marges, *avant que l'adresse d'Isr. Silvestre n'ait été effacée.*

CANALETTO (Ant.)

12. Mestre (A. de V. 3) — Al dolo (4). Deux pièces. Belles épreuves.

13. Pra della Valle (7) — Sta Giustina in Pra della Valle (8). Deux pièces. Belles épreuves.

14. Les trois Colonnes et la Statue au bord de la mer (27). Belle et très rare épreuve du 1er état.

CARICATURES

15. Caricatures. Cinq pièces anciennes.

CARRIERE (Eugène)

16. Daudet (Alphonse). Superbe épreuve d'essai.

17. Dolent (Jean). Très belle épreuve d'essai.

18. Carrière (Mme Eug.). Très belle épreuve sur chine.

19. Enfant en buste, coiffé d'un bonnet, 1890. Très rare. Très belle épreuve sur chine fixé.

20. Enfant en buste, endormi, 1890. Très rare. Très belle épreuve sur chine fixé.

21. Fillette en buste, de face. Lithographie très rare. Très belle épreuve sur chine fixé.

22. La Pensive. Très belle épreuve du 1er état, avant la dédicace : *à Gustave Geffroy, mon ami*, sur chine fixé.

23. Le Modèle vénitien. Très belle épreuve d'essai, sur grand papier.

24. Jeune Fille de profil (L'Estampe originale). Très belle épreuve sur chine, *bon à tirer, signé.*

25. Le Baiser maternel. Très belle épreuve d'essai.

26. Le Baiser maternel. Très belle épreuve sur japon, *signée.*

27. Hommage à Tolstoï. Très belle épreuve sur chine volant.

CHARLET (N. T.)

28. Charlet (La Combe 1) — Odry (3) — Canon (4 R) — Maître de classe des Enfants de Charlet (5 RR) — Louis Napoléon (III) (8). Six pièces.

29. Napoléon (9 R, 10, 11, 13, 14, 15, 16 et 17). Huit pièces. Belles épreuves.

30. Poste avancé (24 R) — Déroute de cosaques (26 R) — Colonne d'Infanterie en marche (27) — La Consigne (29 R) — Cuirassiers chargeant (31 R) — La Bienfaisance (32 R) — L'Hospitalité (33 R) — La Conversation (34 RR) — La Bienvenue (35 R). Neuf pièces, la plupart en belles épreuves.

31. Le Décrotteur (36 RR) — Les quatre Mendiants 37 RR) — Le Grenadier de Waterloo (38-39) — La Mort du Cuirassier (44 RR) — Les Maraudeurs (49 RR) — Les Invalides en goguette (50 R) — Le Grenadier manchot (51). Neuf pièces, la plupart en belles épreuves.

32. Le Drapeau défendu (42 R). Belle épreuve.

33. M. Pigeon (53 R) — Deux prisonniers... (54-55) — Le Vin de la Comète (56) — Le Peintre d'Enseignes (57) — Je boude avec les blancs (64 RRR) — Gaspard l'Avisé (65) — Infanterie à l'assaut (66 R) — Courage, résignation (68 RR). Neuf pièces, la plupart en belles épreuves.

34. Que dit-on? (58) — On dit, 2e pl. (60) — On ne dit rien (61) — Ils s'en vont (62) — Il faut en rire (63). Sept pièces. Belles épreuves (deux *coloriées*).

35. Siège et prise de Berg-op-Zoom, à la petite Provence (67 RR). Très belle épreuve.

36. Scènes militaires et scènes de genre (70 à 73, 77 RR. 80 RR, 83 RR, 90 RR à 93, 94, 96, 97), soit 13 pl. sur 11 feuilles.

37. Le Soldat Français (74 RR). Belle épreuve.

38. Cuirassier Français portant un drapeau (76 R). Très belle épreuve.

39. Vieillard montrant le portrait de Cambronne à des Enfants (81 RRR). Belle épreuve (piquée). Fort rare.

40. L'Aumône (87 R). Belle épreuve *avant la lettre*.

41. Scènes militaires et de genre (101 à 105, 107 à 109, 266, 267, 269 à 272, 281 à 287, 289), soit 22 pl. la plupart en belles épreuves.

42. Costumes Militaires, pl. impr. par Lasteyrie (112 à 115, 117 à 119, 121 et 123), soit 9 pl. (4 à toutes marges).

43. *Costumes Militaires Français*, lith. à la plume. (127, 129 à 132, 134 à 150), soit 22 pl., la plupart en belles épreuves (plusieurs *coloriées*).

44. Costumes Militaires (155, 187, 192 à 195, 197, 199, 202, 203, 205 à 208, 211, 223, 226, etc.), soit 24 pl.

45. Grenadier à pied de la vieille Garde (156 R). Très belle épreuve.

46. Costumes Militaires (Ex-Garde) (158 à 164, 166, 167, 169 à 172, 174 à 177, 179, 180, 182 et 186), soit 21 pl., de marges variées.

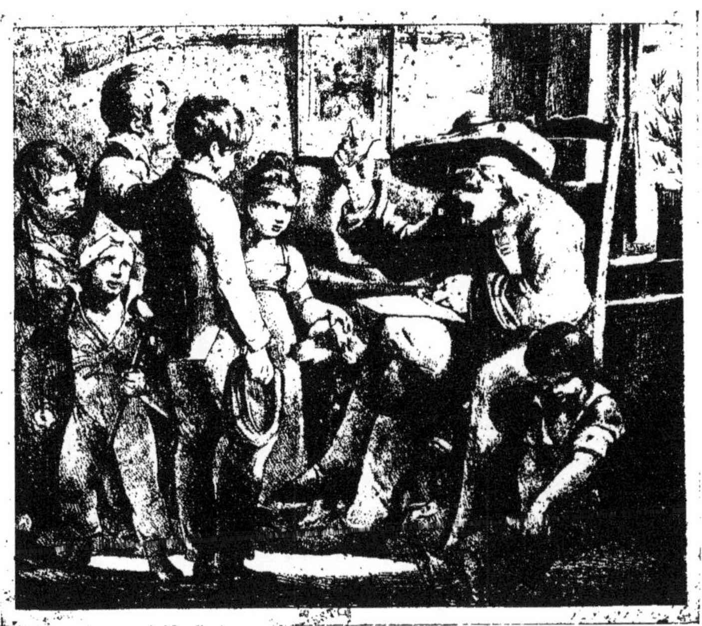

N° 39 du Catalogue.

47. Infanterie légère Française : Carabinier (204). Belle épreuve.

48. Triomphe de la Religion (273-274), 1er état R — J'obtiens de l'activité (275) — Il m'en reste encore un pour la patrie (276) — Aux vieux grognards (277) — Vous croisez la bayonnette... (278) — Ecole du balayeur (279) — Voilà pourtant... (280). Huit pièces sur 7 feuilles. Très belles épreuves.

49. Scènes militaires et de genre (309 à 312, 314 à 340, etc.), 41 pl. la plupart en belles épreuves.

50. 5 Mai! La Prière du vieux soldat (358) — 15 Août! Nobles Souvenirs (360). Deux pièces se faisant pendants. Belles épreuves tirées avec teinte.

51. Griffonnements et pièces non terminées (370, 372 à 377, 379, 381 à 404), soit 33 planches, la plupart en très belles épreuves.

52. Le soleil luit... (290) — Je suis innocent! (291) — La Manie des armes (292) — Réjouissances publiques (293) — Vieillard méditant (294). Cinq pièces. Belles épreuves.

53. Papa, dada! (295) — Papa nanan!... (296) — Papa, nanan!..., 1re pl. (297 R) — Le Laboureur nourrit le soldat... (298) — Le Premier coup de feu (299) — Le Second coup de feu (300) — Jeune! j'avais des dents... (302) — L'Insubordination (303) — Elle a le cœur français, l'ancienne! (304) — Ils sont les Enfants de la France, sur chine (305) — Fabrique d'éteignoirs (306) — Le Billet de logement (307) — Ha! quel plaisir... (308). Treize pièces. Belles épreuves.

54. Griffonnements et pièces non terminées (405 à 410, 412 à 429), soit 24 pl., la plupart en belles épreuves.

55. Scènes des Mémorables journées des 27, 28, 29 juillet 1830, par Charlet et Jaime (445-448). Couverture, texte et suite complète de 4 pl. (manque de conservation).

56. *Recueil de 24 pièces gravées à l'eau-forte*, suite complète. — Pièces tirées de divers recueils (449 à 452, 455 à 460, 462, 463, 465 à 469, 471, 473 à 475), soit 46 pièces.

57. Compositions pour Romances ou Chansons (476 R, 477 à 488, 489 RRR, 490 à 493 R, 495, 498 à 503), soit 26 pl., la plupart en belles épreuves, plusieurs sur chine.

58. Album lithographique, 1827 (659 à 669, 672 à 679 — Album lithographique, 1828 (683 à 687, 695 à 706) — Croquis et Pochades à l'encre (707 à 725), suite complète — Album lithographique, 1829 (726 à 743), suite complète, soit 73 pièces, la plupart en très belles épreuves.

59. Album lithographique, 1830 (744, 747 à 749, 751 à 753, 757 à 761) — Fantaisies, 1831 (766, 767, 772 à 774, 776, 777) — Fantaisies, 1831 (780-782) — Album, 1832 (784, 787, 788, 798 à 792) — Fantaisies, 1832 (795, 798), série complète — Souvenirs de l'Armée du Nord (801, 802, 804 à 806, 810, 814, 816 à 818) — Album, 1834 (821 à 839), suite complète, soit 61 pl.

60. Alphabet moral (840-867), 28 pl. complet — Album, 1836 (868 à 882) — Album, 1837 (884 à 899), suite complète. Ensemble 59 pl.

61. Croquis à l'usage des petits Enfants, 1822 (504 à 515, 512 à 514) — Croquis lithographiques, 1823 (515 à 520, 522 à 529, 531 à 533) — Croquis lithographiques, 1824 (534 à 549), suite complète — Cahier de Fantaisies (550 à 554), suite complète, soit 48 pièces, la plupart en très belles épreuves.

62. Fantaisies (555 à 559, 561 à 588) — Album Lithographique, 1825 (590 à 593, 595 à 598 RRR, 599 à 609) — Sujets divers, 1825 (610 à 615, 617, 618) — Album lithographique, 1826 (620 à 640), suite complète — Croquis lithographiques à l'usage des enfants, 1826 (641 à 658), suite complète, soit 99 pièces, la plupart en très belles épreuves.

63. Vie civile, politique et militaire du caporal Valentin (913-965), couverture, titre et suite complète de 52 pl. Très belles épreuves sur chine.

64. Suite de dessins à la plume (1000 à 1055) — Griffonnements et pièces non terminées (387, etc.) — Croquis et Pochades (708, etc.). Pièces diverses. Ensemble 109 pl. Belles épreuves.

65. Sujets divers, Paysages, etc. 100 pl. par Charlet et autres.

66. L'Aumône — Le Laboureur nourrit le soldat, etc. Vingt-cinq pièces.

COROT (J. B. C.)

67. Souvenir de Toscane (A. R. 1). Très belle épreuve, *avant la lettre*.

68. L'Etang de Ville d'Avray (3). Belle épreuve, sur papier ancien.

DAUBIGNY (C. F.)

69. Lever de lune (F. H. 89). Très belle et rare épreuve d'état, *avant de nombreux travaux*.

DAUBIGNY (C. F.) — HUET (P.)

70. Paysages. Treize pièces. Belles épreuves.

DAUMIER (H.)

71. C'est usé, ça ne vaut pas deux sous (572). Très belle et très rare épreuve sur chine.

DEGAS (Edgar)

72. Danseuse à mi-corps (Fac-simile A.) (lot). Très belle épreuve, *imp. en couleurs*, sur japon. Rare.

DELAROCHE (Paul)

73. Soupe populaire, 1907. Lithographie grand in-fol. Très belle épreuve sur japon, *signée* et *numérotée*.

DEVÉRIA (Achille)

74. Les Filles du Roi Louis-Philippe (H. B. 2). Belle épreuve sur chine.

75. Déguisements anciens — Les Enfants d'Edouard — Naissance du Cte de Chambord, 17 pl.

DREVET (Pierre)

76. Galles (Ed. Stuart, P[ce] de), d'apr. N. de Largillierre (13). Très belle épreuve.

77. Berwick (J. Fitz-James, duc de) (20). Très belle épreuve.

78. César, C[al] d'Estrées (D. 53), en coll. avec P. Giffart. Très belle épreuve du 1er état.

79. Lesdiguières (J. P. F. de Bonne de Créqui duc de), d'apr. H. Rigaud (88). Belle épreuve.

DREVET (Pierre Imbert)

80. Bernard (Samuel), d'apr. H. Rigaud (11). Superbe épreuve *avant* les mots : Conseiller d'Etat.

81. Neufville de Villeroy (F. P. de), d'apr. Santerre (28). Très belle épreuve.

DUPLESSI-BERTAUX (J.)

82. Batailles de la République et du 1er Empire. Dix-sept pièces à *l'état d'eau-forte pure*. Belles épreuves.

DYCK (Ant. van)

83. Franck (F.) (D. 5). Très belle épreuve.

84. Momper (J. de) (D. 7). Très belle épreuve sur papier à la folie.

FANTIN-LATOUR (H.)

85. Début de la Valkure (23). Belle épreuve sur chine, *signée*.

86. Vénus et l'Amour (124). Très belle épreuve sur chine.

87. Ondine (129). Très belle épreuve sur chine.

88. Etude pour l'Eve (147). Belle épreuve sur chine, avec *cache-lettre*.

89. A Victor Hugo — Le Mage Balthazar et Fatime — A Berlioz, petite planche. Trois pièces sur chine.

GAILLARD (C. F.)

90. Léon XIII, Pape (H. B. 39). Très belle épreuve sur chine, accompagnée de la signature *autographe* du Pape Léon XIII, à la date du 8 Avril 1881. Encadrée.

GOYA (F.)

91. Caprices, pl. 3, 14, 52, 53, 59, 72 et 73. Sept pièces. Très belles épreuves du 1er tirage, à toutes marges.

91 *bis*. Le Garrot — Barberousse — Don B. Carlos, etc. Huit pièces. Tirage moderne.

HELLEU (Paul)

92. Mme la Duchesse de Marlborough, à mi-corps, de 3/4 à gauche. Très belle épreuve, *signée*, avec la mention : *tirée à 2 épreuves*.

93. Portrait de Femme, à corsage écossais, la main droite sous le menton. Très belle épreuve. *signée*, avec la mention : *tirée à 12*.

94. Portrait de jeune Femme. Très belle épreuve, *signée*. Encadrée. On y a joint l'Enfant à la tasse, par A. Muller. Deux pièces.

HERVIER — JONGKIND — BESNARD — LALAUZE

95. Environs de Caen — Maaslins — Etude pour l'Ile Heureuse — Entrée de Charles-Quint à Anvers. *avt l. l., signée*. Quatre pièces. Belles épreuves.

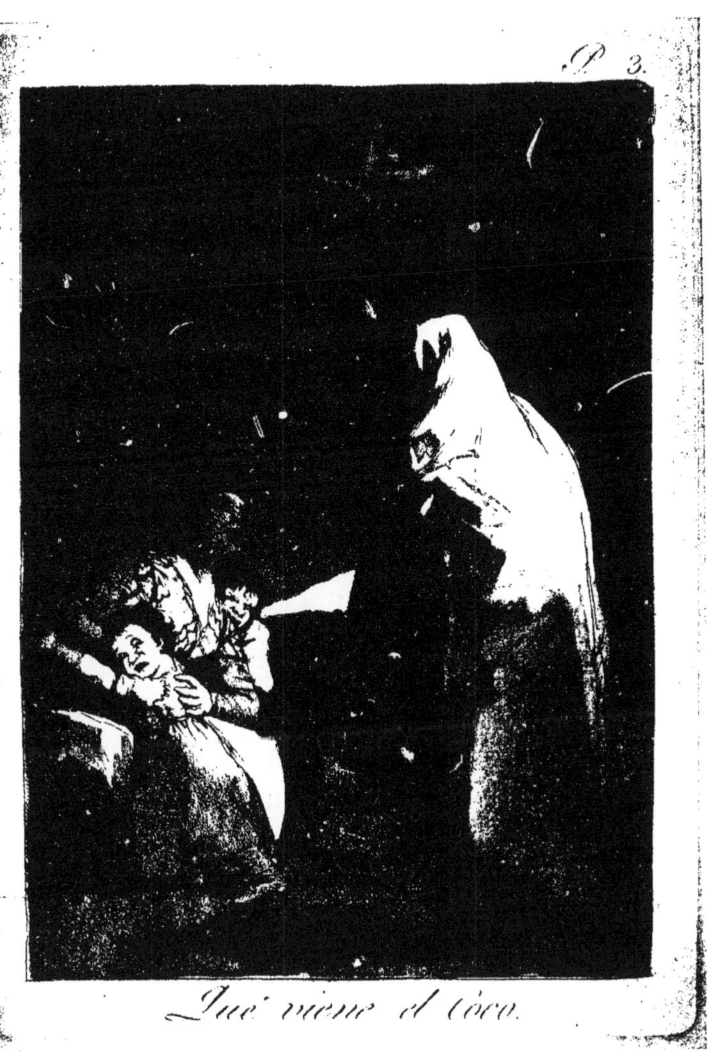

N° 91 du Catalogue.

HUET (Paul)

96. Les Six grands Paysages (H. B. 58-64). Suite complète. Très belles épreuves sur chine.

INGRES (J. D. A.)

97. Cortois de Pressigny (Gabriel), 1816 (Loys Delteil 1). Belle épreuve (mouillures). Rare.

ISABEY (J. B.)

98. Billet du Bal déguisé de J. Isabey (G. H. 25). Très belle épreuve tirée sur teinte.

ISABEY (d'après J. B.)

99. Le Petit Coblentz, par E. Loizelet. Trois très belles épreuves, d'états différents (2 avant toute lettre, avec remarque).

JACQUE (Ch.)

100. *20 Sujets composés et gravés à l'eau-forte par Ch. Jacque. A Paris, chez Picot, Rue du Coq St Honoré.* Couverture et 20 pl. (dont la Truffière et le Cavalier). Très belles épreuves sur chine.

101. Pastorale. Dessin à la mine de plomb pour l'eau-forte (G. 180). Signé. Encadré.

102. Le Printemps. Dessin à la mine de plomb pour l'eau-forte (G. 179). Signé des initiales. Encadré.

103. Gardeuse de dindons. Dessin à la mine de plomb pour l'eau-forte (G. 211). Signé. Encadré.

104. A St Valéry-sur-Somme. Dessin au crayon noir, rehauts de blanc. Signé et daté : 1861. Encadré.

105. Le grand Abreuvoir aux moutons. Très belle épreuve sur japon, *avec remarque, signée.*

106. La Truffière (G. 85), 13 épreuves sur chine.

107. Le Printemps (179), 120 épreuves sur chine.

108. L'Orage. Quatre épreuves, *avant la lettre, signées*, une encadrée.

109. Le petit Troupeau de moutons (435), 74 épreuves.

110. Le Soir, 33 épreuves.

111. Le Repos (181), 80 épreuves, plusieurs avant la lettre.

112. Portrait de Luquet, éditeur, 94 épreuves avant la lettre, deux en 1er état, à l'eau-forte pure.

113. Paysages et Scènes rustiques, 53 pièces, la plupart *signées* ou *paraphées*.

114. Paysages et Scènes rustiques. Soixante-dix pièces sur chine.

115. Paysages et Scènes rustiques. Quatre-vingt-six pièces sur chine.

116. Paysages et Scènes rustiques. Cent quatre-vingt-cinq pièces, y compris des doubles.

117. Paysages et Scènes rustiques. Cent quarante pièces, y compris des doubles.

118. Paysages et Scènes rustiques. Cent quatre-vingt pièces, y compris des doubles.

119. Album de 1864-1866, 270 épreuves *avant la lettre*, sur chine.

120. Album de 1864-1866, 340 épreuves, la plupart *avant la lettre*.

121. Albums 1864-66, 160 épreuves sur chine.

122. Planches diverses, 14 albums de 20 pl. chacun, en partie *avant la lettre*.

123. Planches diverses, 17 albums de 20 pl. chacun, en partie *avant la lettre*.

124. Paysages et Scènes rustiques. Deux cadres contenant quatorze pièces.

125. Paysages et Scènes rustiques, 255 pièces sur chine, en partie *avant la lettre*, y compris des doubles.

126. Paysages et Scènes rustiques, 355 pièces sur hollande, y compris des doubles.

127. Le Garde-champêtre, d'apr. G. Doré, 100 épreuves *avant la lettre*.

128. Sujets pittoresques, gravés à l'eau-forte par Léon Jacque, d'après Ch. Jacque, 6 pl. en livraison, 20 exempl. soit 120 épreuves.

JACQUE et MOUILLERON

129. Le Printemps, d'après Millet, 45 épreuves sur chine, plusieurs *avant la lettre*.

JAZET (J. P. M.)

130. La Terre — L'Eau — Le Feu. Trois pièces *coloriées* (sans marges).

JONGKIND (J. B.) — BROUET (A.)

131. Soleil couchant, port d'Anvers (15), avec cache-lettre, sur japon — Les Chiffonniers — Marchand de gui. Trois pièces, les 2 dernières *signées*.

LAGUILLERMIE (F.)

132. Mme Récamier, d'apr. F. Gérard. Très belle épreuve, avant la lettre, encadrée.

LÉANDRE (Ch.)

133. Le Vieux Peintre. Belle épreuve sur chine. Rare.

LEGRAND (Louis)

134. Les Devoirs. Très belle épreuve sur japon, *signée*.

135. Vieille servante. Belle épreuve sur japon, *signée*.

LEGROS (A.) — BONVIN (F.) — RIBOT (T.)

136. Sujets divers. Neuf pièces. Belles épreuves.

LITHOGRAPHIES

137. Les Douze Mois de l'Année, couverture et 8 pl. par Devéria, Sabatier et Villeneuve — Une Voiture de St-Germain, par Lœillot, 1824, *coloriée* — Caricatures anti-cholériques, 10 pl. — Scènes de la Vie privée, par Mayer, d'après E. Devéria, titre et 1 pl. Ensemble 20 pièces, la plupart en belles épreuves.

LOUTHERBOURG (P. J. de)

138. Figures diverses et Caricatures, 19 pl. Belles épreuves.

MELLAN (Claude)

139. La Sainte Face, gravée d'un unique trait, 1649. Très belle épreuve. On y a joint la copie par Dudesert, soit deux pièces.

140. Sujets religieux — St Jérôme — La Madeleine — St Alexis — St Cajetan — Les Parents de la Vierge — Ste Thérèse — St François — St Bernard — St Benoit — St Ignace, etc. Vingt-six pièces, la plupart en très belles épreuves.

141. Nesmond (F. de) — Blacodaeus (H.) — Mesmes (du) — Cl. Mellan — Peiresc — Ch. Faure — Naudé — M. Molé — L. Philaras. Douze pièces. Bonnes épreuves.

142. Frontispices, Sujets de thèses, statues antiques, etc. Vingt-six pièces, la plupart en belles épreuves, plusieurs *avant la lettre*.

MERYON (Ch.)

143. L'Arche du Pont Notre-Dame (L. D. 25). Belle épreuve, *avant la lettre*.

MILLET (J. F.)

144. L'Homme appuyé sur sa bêche (L. D. 3). Très belle épreuve.

MONTCORNET (B.)

145. Personnages célèbres, 39 pièces. Belles épreuves.

MORIN (Jean)

146. Louis XI (R. D. 63) — Thou (Aug. de) (77). Deux pièces. Belles épreuves.

MULLER (Jean)

147. La Nativité, d'apr. B. Spranger. Superbe épreuve.

NAPOLÉON Ier (Est. relatives à)

148. Scènes relatives à Napoléon Ier. Cinquante-cinq estampes populaires, quelques-unes *coloriées*. Belles épreuves.

149. A Ste Hélène, par Maurin — Adieux de Fontainebleau — Napoléon à Ratisbonne. Trois pièces encadrées.

ORNEMENTS

150. Le Pautre (J.) et Aug. Vénitien. Vases, frises, trophées, plafonds, etc., 62 pl. la plupart en belles épreuves (quelques pl. par Huet et autres).

PARIS (Est. relatives à)

151. *Janvier 1830. Promenade pittoresque dans Paris, par MM. Adam, Bichebois et Sabatier — Costumes Parisiens* — Paris, Bichebois, couverture ill., et suite complète de 6 pl. et 1 cul-de-lampe. Belle épreuve.

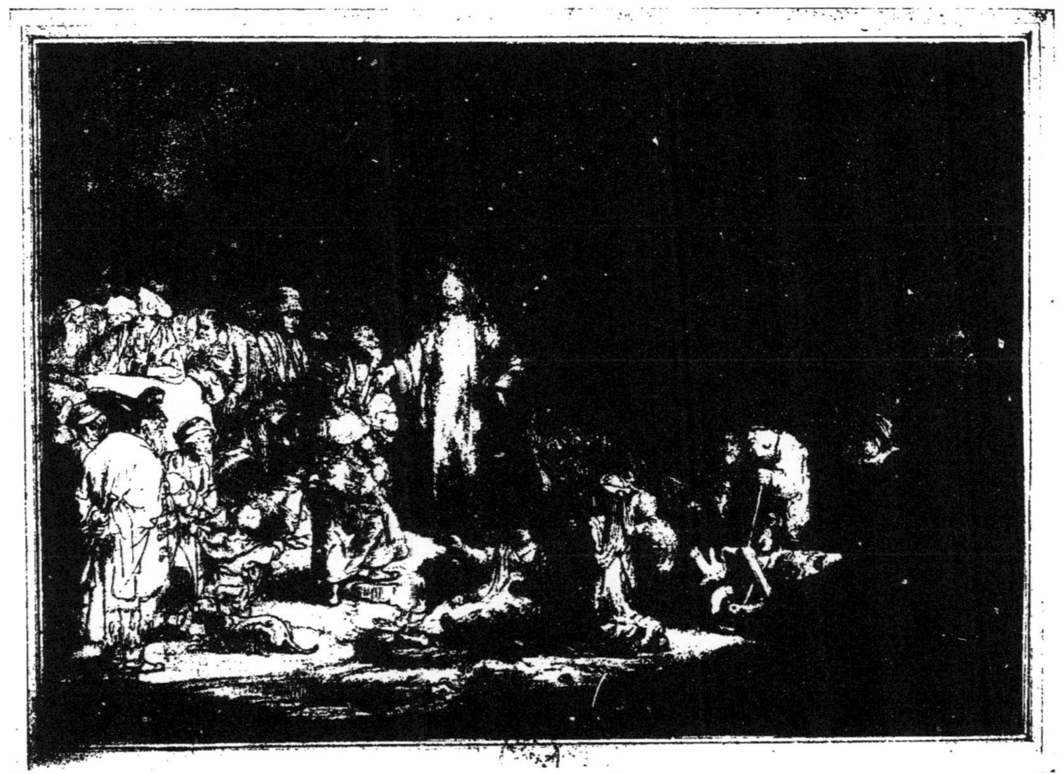

N° 100 du Catalogue.

PORTRAITS

152. Eléonore-Ulrique de Suède, par G. Edelinck (R. D. 331) — Vos (S. de), par Pontius, *avec* l'adresse d'Enden — Aymon Premier, par Coypel — L. Dubreuil, par P. A. Tardieu — Cagliostro (Cte de), par Marcuard — Elisabeth de Bourbon, Reine d'Espagne. Six pièces. Belles épreuves.

153. Camus (J. P.), par Mellan — Angoulême (L. A. duc d'), par Condé ? *avant la lettre* — Cte d'Arundel, par J. Houbraken — Blucher, par Krethlow, etc. Dix pièces, plusieurs rares. Belles épreuves.

154. Portraits divers anciens, 50 pl. par Th. de Leu, Villamena, Kilian, Daret, Lenfant, P. de Jode, etc.

RECUEILS

155. Livre d'heures, avec almanach pour l'année 1530 — Paris, T. Kerver, petit in-8°, rel.

156. *Déclaration de l'usage du Graphomètre*, Paris, 1597 — *Pauli Ae ginetae Medicinae*... Basle, 1546, rel. avec fermoirs. Deux vol. in-8°.

157. *Familiae Romanae in antiquies numismatibus*... Paris, 1663 — Œuvres d'Architecture, de V. Scamozzi, Leyde, 1713 (portrait ajouté) 2 vol. gr. in-4°, rel.

158. Œuvres de Gessner, Rousseau, Piron, Mme Du Barry (lettres) — Les Sens, poème, vignettes d'Eisen (manque de conservation), 12 vol.

159. *Le Paysagiste aux Champs*, par Frédéric Henriet, Paris, A. Faure, 1866 (1re édition), exempl. défraîchi, avec eaux-fortes, par Corot, Daubigny, Lhermitte, etc.

REMBRANDT VAN RYN

160. Jésus guérissant les Malades, pièce dite des Cent Florins (B. 74). Belle épreuve du 2e état (doublée).

161. La Faiseuse de Koucks (B. 124 D. 125). Superbe épreuve du 2e état (légèrement rognée dans le bas).

162. Le Jeu de Kolf (B. 125). Belle épreuve.

163. Gueux à manteau déchiqueté (B. 167 D. 163). Très belle épreuve.

164. Le Vendeur de mort aux rats (B. 181 D. 122). Belle épreuve. Rare.

165. Femme nue, les pieds dans l'eau (B. 200). Belle épreuve.

166. Vieillard portant la main à son bonnet (259). Très belle épreuve de la planche terminée p[...] G. F. Schmidt.

167. Wtenbogardus (B. 279). Bonne épreuve.

168. Vieille Femme assise (B. 344 D. 333). Belle épreuve.

RÉVOLUTION

169. La Grande Aiguiserie Royale de Poignards Anglais — La Contre-Révolution Ratée ou les Paniers percés — Le charlatan politique ou le Léopard apprivoisé, *avant la lettre* — A la Nation Française, les Protestans reconnaissans. par A. Duplessis. Quatre pièces. Belles épreuves.

170. Marie-Antoinette en scorpion — Louis XVI en scorpion — Le Ministre grave... (La Fayette) Duc d'Orléans, etc.). Trois pièces. Très belles épreuves.

ROPS (F.)

171. Mater dolorosa (567). Très belle épreuve sur japon. Sous-verre.

172. Volupté (254) — Chansons, de Collé, *avec* la remarque — Amusements des Dames de Bruxelles — Dans la Pusta. Quatre pièces. Belles épreuves.

STEINLEN (T. A.)

173. Rue Clignancourt. Très belle épreuve sur chine. Rare.

STORM DE GRAVESANDE (Ch.)

174. Canal de Hollande (478). Très belle épreuve sur japon, *signée*.

TAQUOY (Maurice)

175. Le Duc. Très belle épreuve *imp. en couleurs, signée* et *numérotée*.

THOMAS

176. Un An à Rome — Paris, Didot, 1830 — Texte et suite de 72 pl. env. 1 vol. in-fol. cart. Bel exemplaire.

VEBER (Jean)

177. Les Lutteurs. Superbe épreuve *imp. en couleurs*, avec double remarque, *signée* et *numérotée*; sur japon.

178. Toilette intime. Très belle épreuve *imp. en couleurs, signée* et *numérotée*.

VYBOUD (J.)

179. Liseuse. Très belle épreuve sur japon, *signée*.

WALTNER (Ch.)

180. Le Doreur, d'après Rembrandt (113). Très belle épreuve, *avant la lettre*, sur japon, *signée*.

181. Quand fleur tu seras devenue. Très belle épreuve sur japon, *signée*.

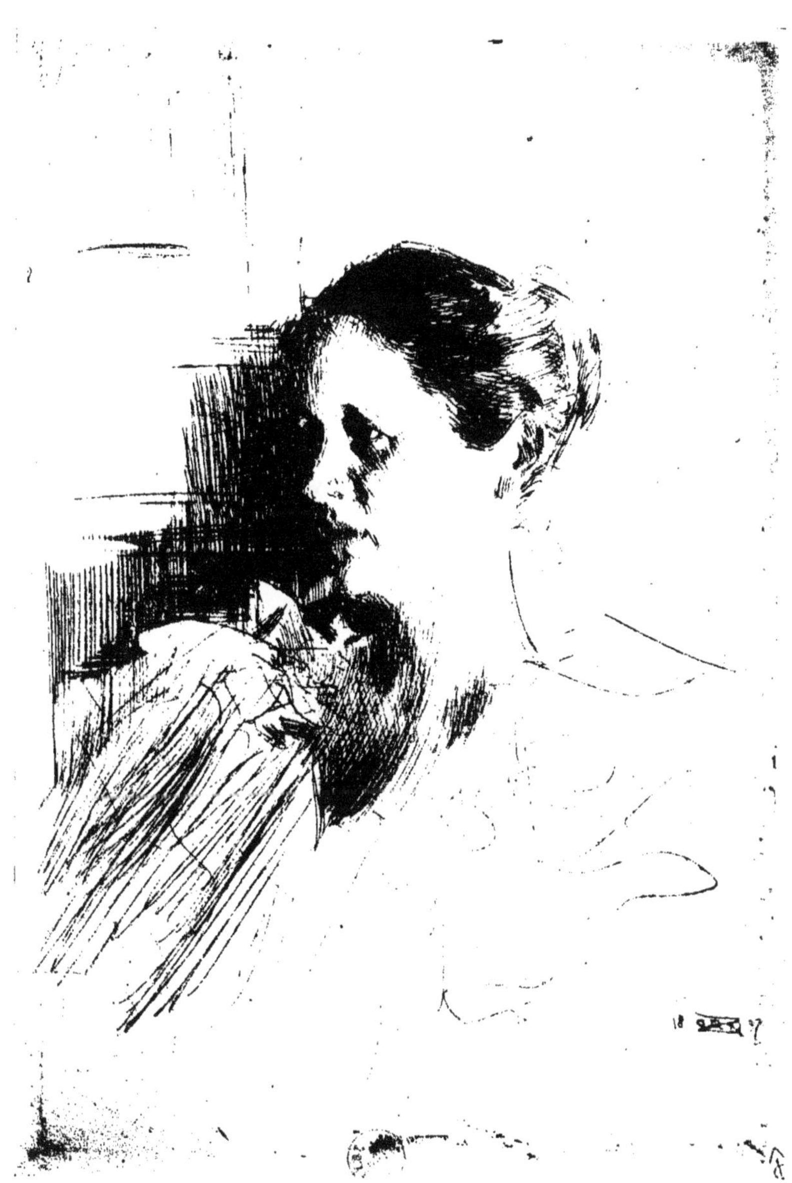

N° 185 du Catalogue.

ZORN (Anders)

182. Etude de modèle (Loys Delteil, 21). Très belle épreuve, tirée en sanguine. Rare.

183. Le poëte Carl Snoilsky (29). Belle épreuve.

184. La Dame à la cigarette, 2e pl. (61). Très belle épreuve sur grand papier.

185. Nagel (Mme) (110). Superbe épreuve tirée en bistre, *signée*.

DEUXIÈME PARTIE

ADRESSES

186. Adresses, affiches, brevets, imagerie populaire. Un lot.

COSTUMES

187. Costumes divers. 220 planches.

DIVERS

188. Un fort lot, illustrations de *Fin de Siècle*. Dessins.

189. Un lot de Portraits divers.

189 *bis*. Un fort lot, eaux-fortes et pièces diverses.

190. J. Delille, par Vangélisty — Paysage au Capricorne, par R. Bresdin — Combat d'Oued-Alleg, par Raffet, etc., 6 pl.

191. Fables de La Fontaine, d'Oudry, 3 pl. *avant la lettre*, une à l'état d'eau-forte — Portraits, par Denon et Devéria — Manège de Voltigeurs, par E. Delacroix — Mort du Capitaine Leblanc, par

Raffet (*avant la lettre?*) — Affiche pour la Ste Bible, par le même. Huit pièces. Belles épreuves.

192. Scènes historiques, Portraits, Sujets divers, 28 pièces.

193. Vignettes pour Restif de la Bretonne, 32 pl. — Assignats, 4 pl. — St Candide (sur soie) — Copies, d'apr. A. Durer — Frontispice, pour un ouvrage de Vesale, *avant l. l.* (trous de vers).

194. Sous ce n° il sera vendu en plusieurs lots, environ 200 pl. anciennes et modernes.

195. Sujets divers et Paysages. Vingt-trois pièces, plusieurs du XVIIIe siècle.

195 *bis*. Sujets historiques. Dix pièces anciennes.

196. Sujets divers. Vingt-sept planches, plusieurs du XVIIIe siècle.

196 *bis*. Sujets divers. Quinze pièces, plusieurs du XVIIIe siècle.

197. Un lot de gravures diverses.

198. Le Goûter, par Ostade — Bataille de Valmy — La Bénédiction des armes. Trois pièces encadrées.

198 *bis*. Course de taureaux, par L. Ferrant — Sujets divers et Paysages. Soixante-dix pièces anciennes et modernes.

199. Sujets divers, Allégories, Médailles, Paysages, etc. 53 pl. anciennes par ou d'après Villaména, Broeck, Berghem, Krauss, Denon, M. Antoine, Boissieu, etc.

200. Sujets divers et Paysages. Soixante-dix-sept pièces anciennes et modernes.

200 *bis*. Caricatures et Modes extraites du *Charivari*. Un lot.

201. Caricatures par Daumier, Gavarni et autres.

202. Sujets divers, Paysages, Costumes, etc. 110 pièces.

EAUX-FORTES MODERNES

202 *bis*. Sujets divers et Paysages. Quarante-neuf pièces par Bodmer, Chifflart, Cabat, etc.

203. Sujets divers et Paysages. Cent-dix pièces, un certain nombre *avant la lettre*.

204. Sujets divers, Vues et Paysages, 11 pl. par Fortuny, P. Renouard, C. Béjot, Le Meilleur. Belles épreuves.

ECOLES ANCIENNES

205. Sujets mythologiques. Dix pièces par Beatrizet, le Maître au dé, Carrache, etc., la plupart en belles épreuves.

206. Sujets religieux et mythologiques, scènes de genre et Paysages. Douze pièces par le Parmesan, Berghem, S. Rosa, etc., la plupart en belles épreuves.

EX-LIBRIS

207. Dr Bégin — de Fortia — H. T. Baron, etc. Dix-huit pièces, ex-libris et armoiries.

LITHOGRAPHIES

208. Sujets divers, 32 pl. par J. Veber, Roedel, Dillon, Dinet, Eliot, Boutel, etc. Belles épreuves, plusieurs tirées en couleur.

209. Sujets divers et Paysages. Soixante-trois pièces par Vernet, P. Huet, V. Adam, et autres.

210. Sujets divers, 15 pl. par Roqueplan — Portraits, 8 pl. Ensemble 23 pièces.

211. Sujets divers, Paysages, Marines, 105 pl. par Charlet, Vernet, V. Adam, etc.

PARIS

212. Estampes relatives à Paris. Cent trente-cinq pièces.
Ce n° pourra être divisé.

PETITS MAITRES

213. Sujets religieux et mythologiques, figures allégoriques. Dix-huit pièces par Altdorfer, Beham, Aldegraver, Lucas de Leyde et Delaulne. Bonnes épreuves.

PORTRAITS

214. Louis XV — Gal Urrutia, 2 pl. diff. — La Philosophie et l'Innocence rendent les derniers devoirs à Francklin — Louise de Bourbon P^sse^ des Asturies — Ferdinand IV — Charlotte, Reine de G^de^ Bretagne — G. de Grimaldi, etc. Quatorze pièces (quelques-unes manquent de conservation).

215. Portraits anciens et modernes, 12 pl. par Alix, Lupton, Villerey, Sudre, etc., plusieurs *imp. en couleurs.*

216. Portraits de musiciens, par L. Massard. Trente-cinq pièces.

217. Portraits anciens. Quarante-quatre pièces.

218. Portraits anciens. Quarante-cinq pièces.

219. Portraits anciens. Soixante-treize pièces.

220. Portraits divers. Quatre-vingt-cinq pièces.

221. Portraits divers. Quatre-vingt-cinq pièces.

SOCIÉTÉ DES AMIS DE L'EAU FORTE

222. Le Pont-Neuf, par Marc Laughlan — Venise, par J. Beurdeley — Jeu de Polo, par Jeanniot — Ambleteuse, par M. Laughlan. Six pièces. Belles épreuves.

223. Sujets divers, 8 pl. par F. Chifflart, A. Maignan, Mlles Borrel, etc. Belles épreuves.

SPORTS

224. Sujets de chasse. Huit pièces, d'après C. Vernet, par Jazet. Tirage moderne.

225. Chasses, courses, chevaux, voitures. Dix-sept pièces. Ce n° pourra être divisé.

TITRES DE ROMANCES

226. Titres de romances, 87 pl. par C. Nanteuil, Charlet, Raffet, Grandville, etc.

VERNIER (Emile)

227. *Etrennes rares, dix magnifiques planches*, par E. Vernier, d'après Dupré, Corot, Millet, etc., 8 exemplaires.

VIGNETTES

228. Vignettes et illustrations anciennes et modernes. Deux cent quarante pièces.

VUES

229. Vues de France et de Pays étrangers. Soixante-dix pièces.

230. Vues d'Orient. Soixante-quinze lithographies.

Imp. Frazier-Soye, 153-.57, rue Montmartre, Paris.

www.ingramcontent.com/pod-product-compliance
Ingram Content Group UK Ltd.
Pitfield, Milton Keynes, MK11 3LW, UK
UKHW022139260726
13993UKWH00005B/2042